TROIS JOURS
AU MONASTÈRE
DES
TRAPPISTES DE LA MEILLERAY,
DÉPARTEMENT DE LA LOIRE-INFÉRIEURE.

Desirant, par la vente de la seconde édition de cet opuscule, être utile au monastère des Trappistes de la Meilleray, le produit en sera fidèlement remis au R. P. abbé. Chaque exemplaire sera du prix d'un franc cinquante centimes.

Ceux qui voudront le payer davantage, pour contribuer à une bonne œuvre, pourront remettre leur offrande au bureau de l'imprimerie de M. Trouvé, rue Notre-Dame-des-Victoires, n. 16, qui, par cet acte de complaisance, veut bien s'associer à un acte de bienfaisance.

On pourra inscrire sur un registre son nom et la somme qu'on aura donnée, et il en sera fourni un reçu à ceux qui le desireront.

Imprimerie de C. J. Trouvé,
rue Notre-Dame-des-Victoires, n° 16.

TROIS JOURS

AU MONASTÈRE

DES

TRAPPISTES DE LA MEILLERAY,

DÉPARTEMENT DE LA LOIRE-INFÉRIEURE.

SECONDE ÉDITION,

Augmentée d'une notice sur la fondation des Trappistes, leur suppression, leur départ de la France en 1790, emportant les ossements de leur fondateur, l'abbé de Rancé; leur établissement en Suisse, à la Val-Sainte; leur dispersion; la fondation d'une maison à Sulworth, en Angleterre; leur rentrée en France, au monastère de la Meilleray.

PAR M. L'ABBÉ DE VILLEFORT,

Ancien vicaire-général de Châlons-sur-Marne,
et chanoine titulaire du chapitre royal de Saint-Denis;
auteur des oraisons funèbres de LOUIS XVI,
de la REINE, de madame ÉLISABETH, et du duc D'ENGHIEN.

> La philosophie divise les hommes par les opinions
> la religion les unit dans les mêmes dogmes.
>
> RIVAROL.

Prix 1 franc 50 centimes.

A PARIS,

CHEZ C. J. TROUVÉ, IMPRIMEUR-LIBRAIRE,

RUE NOTRE-DAME-DES-VICTOIRES, N° 16.

1826.

AVIS DE L'AUTEUR.

Tout ce que j'avois vu et éprouvé pendant mon court séjour à la Trappe de la Meilleray m'avoit si vivement ému, que je me décidai à faire connoître le genre de vie des religieux qui l'habitent.

Le récit des trois jours passés dans ce monastère, en 1824, divisé en quatre articles, avoit paru dans, les premiers mois de 1825, *dans les Annales de Littérature des Sciences et des Arts;* ouvrage périodique qui se distingue par le choix des articles intéressants et curieux, dont la pureté du style et le bon esprit des rédacteurs rend la collection précieuse pour les hommes instruits qui aiment et cultivent les sciences et les arts.

Les quatre articles précités ayant été réunis en un seul, ils formèrent sur le monastère de la Meilleray un opuscule, dont le rédacteur en chef voulut bien m'adresser quelques exemplaires, qui parurent intéresser ceux dont ils furent connus. Plusieurs ayant été mis sous les yeux de personnages augustes, ils furent accueillis avec la bonté et l'intérêt que méritent ces hommes vénérables.

Un ecclésiastique, dont je tais le nom d'après ses ordres, par cette courte notice, ayant appris l'état de besoin dans lequel se trouvoit le R. P. abbé pour entreprendre des travaux d'urgence, et que nous ferons connoître, lui offrit généreusement une somme d'argent à un intérêt modique, pour réparer des bâtiments utiles et nécessaires à ce monastère. Il l'accepta.

Aujourd'hui, dans l'espoir de trouver encore quelques âmes sensibles et généreuses qui puissent lui être utiles, je me suis déterminé à faire paroître cette seconde édition, qui a été augmentée de plusieurs notes et de quelques détails qui ne seront pas lus sans intérêt, relativement au départ des Trappistes, à l'époque où la tourmente révolutionnaire les arracha de leur maison, et, par suite, les détermina à quitter la France; à leur séjour en pays étranger; à leur retour dans leur patrie, après la restauration du trône de Saint-Louis.

Dans toutes les persécutions dont ils triomphent, on reconnoît toujours cette pieuse résignation qui les suit partout, et cette main protectrice d'une providence bienfaisante qui s'est étendue sur eux.

Ce n'est ni la beauté, ni l'élégance du style, ni des détails pompeux qui pourront attacher le lecteur qui sacrifiera quelques instants à parcourir par sa pensée des lieux qui commandent la vénération et le respect. Nulle ambition, nul desir d'amasser, de mener une vie aisée ou tranquille, ne dirige ces religieux, qui, par leur travail, vivant dans le recueillement et la pauvreté, ne sont si durs et si sévères pour eux, qu'afin de venir pendant toute leur vie au secours de la misère qui ne réclame jamais en vain leur charité.

Pieuse et respectable institution qui tend

les bras à l'homme qui, revenu de ses erreurs, veut apaiser ses remords, ou qui, craignant dans le monde les chutes et les dangers, s'empresse de chercher un asile et un appui dans ces lieux consacrés à la pénitence.

Après les illusions, on contemple avec plaisir des vertus modestes, qui portent l'émotion dans le cœur de ceux qui, pour quelques instants, viennent admirer l'homme qui les a quittés avec fermeté et sans regret, pour désormais vivre dans la solitude, exempt de crainte et de remords.

TROIS JOURS
AU MONASTÈRE
DES
TRAPPISTES DE LA MEILLERAY,
DÉPARTEMENT DE LA LOIRE-INFÉRIEURE.

CHAPITRE PREMIER.

De la fondation des Trappistes. De leur suppression en 1790, d'après le décret de l'Assemblée nationale. Discours de Bourbotte pour les conserver. Leur départ pour la Suisse, emportant les ossements et le cœur de leur fondateur, l'abbé de Rancé. Leur arrivée et leur établissement à la Val-Sainte. Ils sont contraints d'en partir. Leur dispersion et leurs divers établissements jusqu'au moment où ceux qui s'étoient retirés en Angleterre quittent Sulworth pour venir s'établir à la Meilleray, département de la Loire-Inférieure.

Je devois me rendre à Quiberon à l'époque où la Vendée attendoit des secours et un prince de la maison de Bourbon; mais S. M. Louis XVIII, qui étoit alors à Vérone, m'ayant ordonné de me rendre près d'elle pour me charger de missions importantes, et revêtu des pouvoirs très-étendus qui sont connus de beaucoup de monde; j'échappai au massacre qui eut lieu à Quiberon.

J'admirai le courage et l'énergie de ces braves défenseurs de l'autel et du trône; j'avois voulu partager leur sort : il est tout naturel que je cherche toutes les occasions de leur payer un tribut d'hommage et de respect.

Dans mes diverses missions, j'ai été à portée de connoître des généraux, des officiers et des simples soldats des deux partis qui ont fait la guerre dans ces contrées si souvent teintes et arrosées du sang français. J'ai recueilli avec soin tous les renseignements qui m'ont été fournis. J'ai lu avec attention toutes les histoires, notes, lettres et mémoires qui ont paru; mais j'ai trouvé tant de contradiction dans la manière dont les faits même principaux sont présentés, que j'ai résolu d'utiliser un voyage que l'amitié, avec une noble et intéressante famille bretonne, m'avoit déterminé à entreprendre, et dont le père, homme de talent et de mérite, a noblement figuré parmi les chefs vendéens, mais qui n'en est ni mieux traité, ni plus riche, ni même placé (1).

J'ai acquis des détails très-précieux qui ne

(1) Le vicomte de Kersabieck.

sont pas connus ; je pourrai, il est vrai, rectifier beaucoup d'erreurs ; mais, pour être vrai et exact, il faut se faire des ennemis ; ce qui répugneroit à mon caractère. La petite gloire d'être franc et exact historien ne pourroit me consoler d'avoir choqué quelques personnes, et d'avoir soulevé le voile qui couvre quelques autres.

Ceux entre les mains de qui doivent tomber mes notes, mais non mon héritage, car je n'ai que celui de ma fidélité à laisser, pourront s'en servir avec prudence ; elles pourront éclaircir quelques faits graves de l'histoire de ce peuple religieux autant que brave.

Parti de Paris en juin 1824, j'avois parcouru et examiné avec soin, depuis le Mans jusqu'à Nantes, tous les lieux qui peuvent intéresser l'homme curieux, et qui desire s'instruire. Après quelque séjour à Nantes et dans les environs, je voulus suivre la route qui conduit de cette ville à Machecoul, et celle de Beaupréau à Clisson, situé sur la Sèvre. Cette ville a été presque détruite dans la guerre de la Vendée ; elle compte très-peu de ses anciens habitants : c'est sur son territoire que les débris de l'armée républicaine, faite prisonnière à Mayence, et envoyée contre les Vendéens, avoit reçu un échec considérable, qui peu après acheva son entière destruction.

Je parcourus et j'examinai avec soin les environs de Clisson ; je visitai les débris de son antique château, et je me rendis dans un parc qu'on nomme la *Garenne*, pour en admirer les sites agréables et romantiques qu'on y trouve. La nature y offre des beautés sévères et sombres. Avant de quitter la Garenne, suivant l'usage établi, un ancien cavalier vendéen, qui est concierge de ce lieu, m'engagea à signer mon nom sur un registre où chaque étranger, soit en vers ou en prose et en langue quelconque, peut tracer quelque sentence, réflexion ou passage qui lui paroissent convenir au lieu, et à ce qu'il a éprouvé en le visitant. Beaucoup de voyageurs y ont même consigné par écrit leurs opinions politiques.

Me rappelant une inscription latine qui a été placée sur la tombe d'un général illustre, je crus qu'en changeant peu de chose, elle pouvoit convenir à ce peuple fidèle, valeureux et guerrier. Avant de signer mon nom, j'écrivis sur ce registre :

Sta viator terram heroum calcas.

Arrête-toi, voyageur, tu foules la terre des héros.

Je n'ai parlé de mon voyage en Bretagne et de ma course à Clisson, que parce que ce fut en retournant à Nantes, et pendant la route, que je pris la résolution de me rendre au monastère des Trappistes de la Meilleray, étant bien loin de prévoir la rencontre que je devois y faire.

J'appris que je pouvois facilement m'y rendre par une voiture qui part tous les jours de Nantes pour Château-Briant, qui n'est qu'à peu de distance de la Meilleray. Mais avant de commencer mon récit, je vais suivre le conseil qu'on m'a donné, en offrant les détails que j'ai promis dans la note qu'on a pu lire.

Les bornes de cet ouvrage ne nous permettront pas beaucoup de détails sur la fondation de la Trappe. Il a déjà paru plusieurs écrits sur le célèbre abbé de Rancé, qui est le fondateur de cet ordre austère. Né à Paris, le 9 janvier 1626, en 1662, âgé de vingt-sept ans, il commença et mit la dernière main à la réforme de cette abbaye de l'ordre de Cîteaux, qui depuis a été connue sous le nom du monastère de la Trappe. Ce fut le 27 octobre, en 1700, que l'abbé de Rancé, âgé de soixante-quatorze ans, et épuisé par les austérités, termina sa carrière, après avoir habité avec ses religieux pendant trente-huit ans.

Le nom de Trappiste, que portent, depuis la réforme, les religieux de cet ordre, qui habitoient la maison où le fondateur mourut, et qui se soumirent à la règle qu'il avoit établie, me paroît venir du village où étoit placé le monastère. Il se nommoit *la Trappe*, et, comme je l'ai dit, dépendoit de l'ordre des Bénédictins.

C'est en 1122 que fut fondée cette abbaye, dans un vallon d'un aspect triste et sombre. Ce lieu isolé, couvert d'étangs spacieux, situé sur les bords du Liton, dans la commune de Soligny, est distant de trois lieues de Mortagne. Il est placé à l'extrémité occidentale de la forêt du Perche. Telle étoit et est la position de cette abbaye ancienne et moderne, où l'abbé de Rancé établit sa réforme. Elle fait aujourd'hui partie du département de l'Orne, et dépend, pour le spirituel, du diocèse de Séez.

Nous voyons, depuis sa fondation, cette abbaye exister pendant six cent soixante-huit ans depuis la réforme, et ensuite cent vingt-huit ans depuis qu'elle est introduite par l'abbé de Rancé, jusqu'au moment de la destruction des ordres religieux par les décrets de l'Assemblée nationale, et que les Trappistes sont forcés d'abandonner leur monastère.

En 1790, époque précitée, quoiqu'il existât deux autres maisons presque aussi anciennes, je ne vois que celle située près de Mortagne, et dans le diocèse de Séez, dont les religieux fussent connus sous le nom de Trappistes : c'est celle dont j'ai à parler.